¿De qué formas somos diferentes?

Usamos ropa diferente, nos gustan cosas distintas, nuestros peinados y el color de nuestro pelo es distinto. Comemos manzanas de diferentes formas. Podemos ser zurdos o diestros. Hablamos diferente y tenemos voces distintas. Nos dan miedo diferentes cosas. Nos hacen gracia cosas distintas, y algunos nos reímos más fuerte y más tiempo que otros. Nos dan vergüenza cosas diferentes y vemos de forma distinta a los chicos y a las chicas. Tenemos permitido y prohibido hacer cosas diversas. Bailamos de forma distinta. Los que usan lentes tienen diferentes armazones. Podemos tocar uno u otro instrumento musical. Hablamos idiomas diferentes y usamos gestos particulares. Nos gustan ciertas comidas y distintos tipos de música. Comemos diferente. Usamos zapatos diferentes de números distintos. Somos diferentes para las matemáticas. Viajamos en distintos coches de diferentes marcas. Nacemos en diferentes países. Podemos tener mochilas de diferentes colores. Tenemos huellas digitales distintas. Tenemos gatos diferentes y dientes diferentes. Hablamos diferente. Usamos anillos y collares distintos. Podemos tener diferentes cosas sobre la cabeza, además de pelo; algunas personas no tienen nada de pelo. Nos enojan cosas diferentes. Nos enojamos más rápido o más despacio que los demás. Nos comportamos de formas diferentes cuando estamos tristes o enojados. Podemos estar sufriendo o no. Podemos tener una discapacidad. Podemos ser ciegos de un

ojo. Podemos tener diferentes religiones. Podemos ser gemelos pero distintos. Podemos comer cantidades diferentes de panecillos. Podemos tener calcetines de diferentes colores. Nos dan asco cosas distintas. Toleramos cosas diferentes. Algunas personas tienen alergias. Nos gustan ciertos olores. Podemos usar diferentes perfumes. Las casas de diferentes personas huelen diferente. Algunas personas tienen un perro, otras un ave y otras no tienen mascotas. Tomamos distintos autobuses y líneas de tren suburbano. Algunas personas andan en patines y otras en bicicleta. Podemos estar vivos o muertos. Algunas personas viven más que otras. Vamos a diferentes lugares. Tomamos ciertos tipos de té y diferentes sabores de jugo. Algunas personas sólo tienen una pierna. Podemos ser ricos o pobres. No todos tenemos la misma edad. Alguien puede ser sordo. Podemos venir de distintos países. Podemos sostener el lápiz de forma diferente cuando escribimos. Podemos tener almuerzos distintos y sándwiches de diferentes ingredientes. Podemos tener diferentes géneros y diferentes aretes. Nuestra piel puede ser de distintos colores y podemos hablar con acentos diferentes. Podemos vivir en México o en Costa Rica. Podemos tener cinco dedos o sólo tres. Pueden encantarnos distintos tipos de comida. Podemos tener diferentes colores favoritos. No todos los corazones tienen que ser rosas.

¿Quién eres?, de Pernilla Stalfelt, es un libro sobre la tolerancia
creado por iniciativa de la Fundación Teskedsorden
(la Orden de la Cucharita) y la editorial Rabén & Sjögren.

La Orden de la Cucharita fue fundada en 2006 por la revista
Nosotros, inspirada por un libro muy revelador de Amos Oz, titulado
Cómo curar a un fanático. La fundación busca fomentar
la tolerancia y el respeto entre las personas. Su lema es:
"Por la tolerancia contra el fanatismo".

La cucharita es un símbolo de acción. En su libro Amos Oz explica que
si una persona quiere apagar un fuego va por una cubeta de agua y la
arroja sobre él. Si no tiene una cubeta, toma un vaso,
y si no tiene un vaso, toma una cucharita. Si todos ayudamos, si
todos contribuimos aunque sea un poco, podemos apagar
la peligrosa hoguera del fanatismo en el mundo.

Para leer más sobre la Orden de la Cucharita entra a:
www.teskedsorden.se
Para leer más sobre Pernilla Stalfelt entra a:
www.rabensjogren.se

Título original: *Vem är du? En bok om tolerans*

© 2012 Pernilla Stalfelt

Publicado originalmente en 2012 por Rabén & Sjögren, Suecia
Esta edición se ha publicado según acuerdo con Rabén & Sjögren Agency

Traducción del inglés: Maia Fernández Miret

D.R. © Editorial Océano, S.L.
www.oceano.com

D.R. © Editorial Océano de México, S.A. de C.V.
www.oceano.mx • www.oceanotravesia.mx

Primera edición: 2016
ISBN: 978-607-527-003-6

PERNILLA STALFELT

¿QUIÉN ERES?

UN LIBRO SOBRE LA TOLERANCIA

OCEANO travesía

Tolerancia =
la capacidad de respetar y aceptar las cosas como son,
las cosas que no puedo cambiar
y las que no me hacen daño.

A veces te sorprende…

darte cuenta de que no todo mundo es igualito a ti…

esto te deja boquiabierto…

como en el autobús.

La gente puede verse tan distinta…

También pensamos de formas distintas.

Hay miles de millones de formas de pensar...

¿Tantas como granos de arena
en este frasco?
¿Tal vez más?

¡Toda una playa!

Hay cerca de 7 mil millones
de personas en la Tierra.
¿Qué tal si todos piensan distinto?

Por no hablar de todos los animales.
Por ejemplo,
¿cómo piensa
un gato?

MIAAUU

¿?

¿Cómo podrías saberlo?

¡¡DEBERÍA HABER UNA ESCUELA DE IDIOMAS GATUNOS!!

ESCUELA DE LENGUA GATUNA -> ¡SÍ, GRACIAS!

I.

II.

III.

OJOS DE AMOR

ESTE GATO ESTÁ FURIOSO

TRATA DE VERSE MÁS GRANDE DE LO QUE ES. ¡DE VERDAD ESTÁ MUY ENOJADO!

¡¡BIENVENIDOS A LA ESCUELA DE LENGUA GATUNA!!

¿Si aprendieras más sobre gatos podrías entenderlos mejor? ¿Ya no te darían miedo y te gustarían más? (¡Aunque a veces siseen, arañen y hagan caca en el arenero!)

¿A QUÉ HORA PASA TU AUTOBÚS?

Si puedes aprender a entender a los animales…

¿también podrías aprender a entender a otras personas? ¿Tú qué crees?…

Alguien de Tanzania puede entender a alguien de Italia que puede entender a alguien de Corea que puede entender a alguien de Haití que puede entender a alguien de Suecia.

¿CÓMO?

Primero tiene que interesarte.
Ya puedes empezar:

Te sorprendes, se te hace raro y tal vez te da curiosidad. Se te antoja hacer lo mismo. Aunque se vea un poco extraño. ¿Por qué no?

Tal vez la vida sería más fácil si sólo te interesara
la lechuga que crece en tu balcón.

Eric pasa mucho tiempo con su lechuga, su gato y su familia.
No se lleva sorpresas.

Resultaría muy cómodo.

¿Son tal para cual?

¿Es así? ¿Qué tal si dos niños diferentes se llevan muy bien?

Sólo hay que darle tiempo.

¿Qué tal si te haces amigo de alguien que viene de otro país?

Tal vez la risa es la misma en todos los idiomas.

Como las personas y los gatitos, todos los países son algo distintos.

MIAU

MEOU

NYAA

MIEAOUUUU

Casi todos tienen su idioma y sus costumbres.

Puede haber diferencias
en cómo se visten…

lo que comen
y cómo comen…

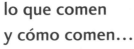

o cómo construyen
sus casas.

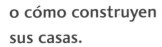

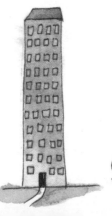

Tal vez tenga que ver con lo que crees…

o lo que piensas…

¿Cómo saber quién está en lo correcto?

¿Los pensamientos malos son feos y huelen mal?

GUÁCALA

¿Hay pensamientos equivocados?

Nuestros pensamientos están en el cerebro, que está dentro del cráneo.

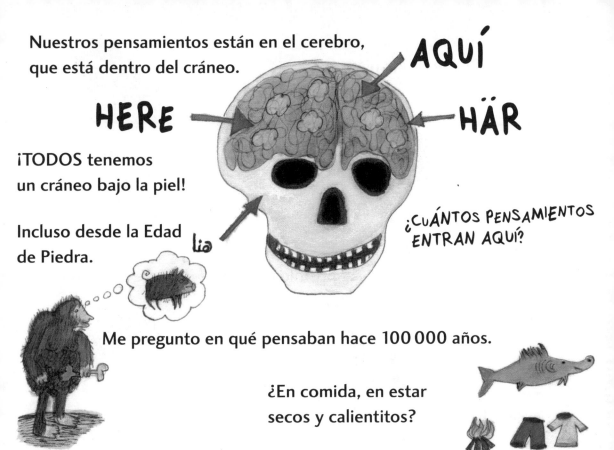

AQUÍ

HERE

HÄR

¡TODOS tenemos un cráneo bajo la piel!

¿CUÁNTOS PENSAMIENTOS ENTRAN AQUÍ?

Incluso desde la Edad de Piedra.

lia

Me pregunto en qué pensaban hace 100 000 años.

¿En comida, en estar secos y calientitos?

¿Cómo sabes en qué está pensando alguien más?

ES.. MÁS O MENOS ASÍ...

¿QUÉ ESTÁS PENSANDO EN REALIDAD?

Podrías preguntarle…

Podrías decirlo…

Tratan de CO-MU-NI-CAR-SE... ¡así de fácil!

Puedes comunicarte
hablando con los demás.

Es posible hablar un idioma extranjero.
Sueco, por ejemplo.

Aprendes el idioma...

y puedes decir todo lo que quieras.

Puedes hablar con los gestos de tu cuerpo. ¡Es divertido!

O puedes mostrar cosas con tu cara... en ella es fácil ver los sentimientos.

Si alguien se tapa la cara no puedes ver tan fácilmente los sentimientos que están expresando.

luna de papel

costal de papas

No te comunicas igual de bien…

¿No te da un poquito de miedo? No puedes ver quiénes son.

¡HOLA! ¿QUIÉN ERES?

Puedes comunicarte dibujando en la arena.

¿QUÉ TRATAS DE DECIR?

Estás usando signos para hablar.

¿De dónde vienen los pensamientos?
¿Llegan flotando por el aire?

DE UN CEREBRO

A OTRO

¿Pueden provenir de otras personas?

¿Tal vez salen de la tele...

o de la compu?

Las cosas que lees
pueden hacer que
aparezcan ideas
en tu cabeza.

¿Cómo muestras un pensamiento?

¿Puedes escribir sobre él?

¿O pintarlo?

Puedes musicalizar un sentimiento
o cantar una canción sobre lo que piensas.

Los pensamientos pueden
ser hermosos.

Pero también pueden ser
un prejuicio. ¿Qué es eso?

PREJUICIO

Lo pensaste e hiciste un juicio antes de saber algo, como un juez que toma una decisión.

Un prejuicio puede verse así...

Piensas o crees algo que no sabes en realidad y que no has verificado.

Decidiste creer algo que puede no ser verdad.

¿ESTÁS LISTO PARA CAMBIAR DE OPINIÓN?

¿Por qué tenemos prejuicios?
¿Es porque resultan cómodos?

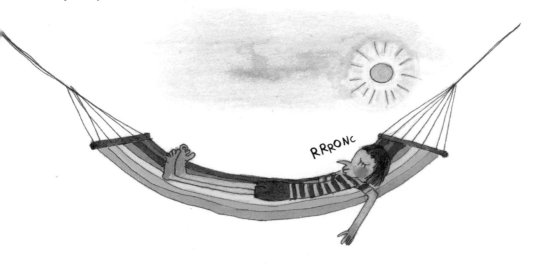

No tenemos que verificar las cosas. Podemos tirarnos a descansar en la hamaca.

¿O tal vez quieres verte dramático, hacerte el importante y contar una historia interesante?

A veces es difícil saber cuál es la verdad. Puede resultar complicado verificar cómo son las cosas en realidad.

Toma tiempo y esfuerzo.

MMM...

TODOS LOS SUECOS SOMOS RUBIOS Y MUY TÍMIDOS

NOSOTROS SOMOS LOS SUECOS REALES

SÍ, Y NOS GUSTA COMER PESCADO PODRIDO QUE LLAMAMOS SURSTRÖMMING Y NADAMOS EN AGUA HELADA

A veces un grupo entero de personas tiene los mismos prejuicios. Se siente bien, porque ahora "nosotros" somos parte de un grupo.

CHOMP

CHOMP

CHOMP

CRONCH

"Los otros" no son tímidos, no les gusta el pescado podrido, no son rubios y no les gusta nadar en agua helada.

A veces los prejuicios tienen que ver con la intolerancia. ¿Qué es eso?

Tal vez no TOLERES ciertas cosas, como los huevos.

Vomitas y te salen ronchas.

¿CUÁNTO PUEDES TOLERAR?

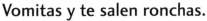

¿Toleras que tus hermanos pongan música horrible?

A veces la intolerancia es que no soportas que los otros sean diferentes.

Odias que los demás usen otra ropa o que sean distintos de algún modo.

Hasta puedes hacerles algo malo...

Es ilegal matar o golpear a alguien.
Eso se llama asesinato o agresión.

(Asesinato = matar a alguien,
por ejemplo con un cuchillo,
veneno o una pistola.)

(Agresión = golpear, acosar, amenazar,
patear o empujar a alguien.)

¡NO PUEDES PASAR POR AQUÍ! ¡ERES TAN FEA QUE TE VOY A HACER PEDAZOS!

EEH...

Si lo haces la policía te apresará
y recibirás un castigo.

La violencia no tiene sentido.
No hace feliz a nadie.

Nos hace sentir tristes, desesperados y con miedo.

Tal vez hay días en que te sientes así:

¡TO
LER
AAAAAA
AANCIA!

Tolerar = escuchar, ser amable, aceptar y permitir las rarezas y comportamientos de los demás.

La tolerancia es hermosa.

Podrías ser tolerante con un desconocido…

o con tu vecino.

TOLERANCIA EN LA MESA.

TOLERANCIA =
TRAGARTE TU MOLESTIA.

A veces ser tolerante significa que hay que llegar a acuerdos.

¿Qué tal si cada quien pone de su parte?

A veces es difícil ser tolerante...
Por ejemplo con quienes comen el cereal con la boca abierta...

o sorben.

A veces es difícil estar sentado junto a alguien...

que huele
a sudor viejo
y a zorrillo.

¿Qué puedes hacer?

¿Existen límites a lo que está permitido?

Por ejemplo, ¿está bien ir de compras en ropa interior?

¡No, no está nada bien!

¿Por qué no?

Tal vez no es muy agradable.

¿Resultaría difícil ser tolerante en esta situación?

¿Podemos ser demasiado parecidos?

No te gusta que alguien
te copie y se compre justo
el mismo vestido, los mismos
lentes, los mismos zapatos
y la misma bolsa que tú.

¿Qué se siente?

¿Qué tan tolerante deberías ser?

SENTIR, SENTIR

LA REGLA DE ORO

NO LE HAGAS A LOS OTROS
LO QUE NO QUIERES
QUE TE HAGAN A TI.

SÉ CON LOS OTROS
COMO QUIERES QUE
SEAN CONTIGO.

¿Tal vez una buena forma de saberlo
es preguntarte cómo se siente?

¿Qué cosas te importan?

Dentro de cada uno de nosotros hay un yo.
Ese yo es muy VALIOSO, más que el oro, los diamantes
o el dinero. Y esto es así en cada humano del planeta.

¡El yo es el mejor
premio del mundo!

Tenemos un yo desde que nacemos.

El día que nos cortan el cordón.

Allí comienza
la vida con el
yo. Es como
un viaje.

Es importante cuidar
muy bien tu yo.

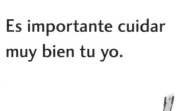

Como si fuera
un cachorrito.

Cuidar y mimar al
yo = importante.

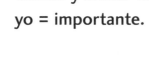

¿Pero para qué sirve?

¿Y si el mundo estuviera lleno de perrritos tristes…

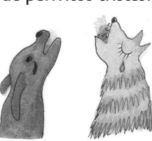

y yos desgarrados…

¡UFFF!

o perritos enojados y asustados que nadie cuidara?
¿No se sentiría feo? Tal vez sería peligroso.

GUAu

GRRR

Jamás deberías tirar tu yo
a un sucio basurero.

Ni el tuyo
ni el de nadie más.

Porque sólo tienes uno.

¿Quién eres?

Un "tú" es todo
lo que no soy yo.

¡¡¡Los "tús" suelen ser gratis!!! Conocer
a un amigo no cuesta nada.

¿Sabes? No estás solo en este planeta.
Hay muchos "tús" emocionantes.

Es fácil encontrarte en el espejo.

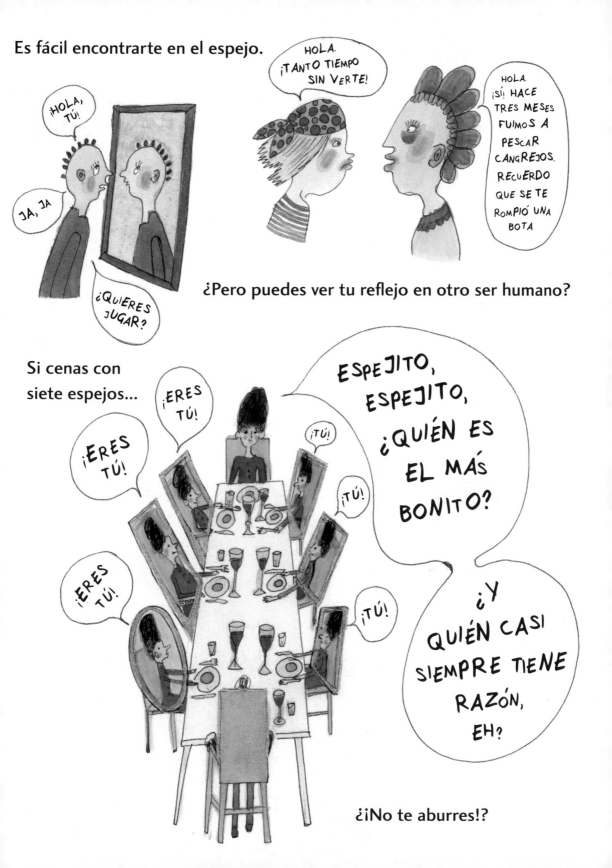

¿Pero puedes ver tu reflejo en otro ser humano?

Si cenas con siete espejos...

¿No te aburres!?

¡¡¡Cada yo es también un tú!!!

Mis amigos y yo somos "nosotros".

Tú y tus amigos son "ustedes".

¿QUIÉNES SOMOS?

¡A veces es bueno hacernos algunas preguntas a nosotros mismos!

¿QUIÉNES SON USTEDES?

Discutimos y tratamos de entender.

¿QUIÉNES SON ELLOS?

¡HOLA!

NOSOTROS + USTEDES + ELLOS

PUEDE SER

NOSOTROS + USTEDES + ELLOS puede sumarse para hacer un enorme NOSOTROS.

¡Tan grande como un hermoso planeta azul-verde!

¿De qué formas somos iguales?

Todos tenemos un cuerpo y un corazón. Todos tenemos sangre y un cerebro, una cabeza y dos agujeros en la nariz. Todos tenemos huesos, y quzá también pelo. Todos podemos tener aretes y muchos dientes. Todos somos parientes de los monos. Todos tenemos axilas y seis metros de intestinos. Todos necesitamos comer, beber y dormir. Todos nacimos y tenemos un ombligo. Respiramos aire. Tenemos nariz. Necesitamos sol. Necesitamos lluvia. Tal vez nos gusten las mismas cosas. Quizá vivamos en casas iguales. O nos movemos en autos que se ven iguales y son de la misma marca. Quizá usemos zapatos del mismo número. Todos valemos lo mismo. Todos nacimos en un país. Todos vivimos en la Tierra. Todos tenemos el mismo Sol. Vemos la misma Luna. Podemos tener barbas que sean igual de largas. Se nos puede meter la arena entre los dedos de los pies. Casi todos tenemos diez dedos y dos ojos. A veces tenemos que cortarnos las uñas. La mayoría tenemos dos orejas. Tal vez le vamos al mismo equipo. Podemos patear la misma pelota. Podemos viajar en la misma dirección y bajarnos en la misma parada. Podemos vivir en la misma casa o en la misma isla. Podemos leer el mismo periódico. Quizá estemos en la misma clase. Nos hacemos cada vez más viejos. Sudamos si nos da mucho calor. Todos podemos elegir entre hacer cosas malas y hacer cosas buenas. Podemos tener ropa con el mismo estampado. Todos pueden tararear una melodía. Tal vez hagamos dibujos parecidos. Podemos meternos

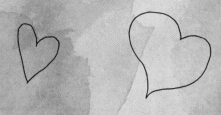

a la misma alberca y nadar igual. Podemos usar trajes
de baño que se vean idénticos. Podemos vivir en el mismo
parque o en el mismo castillo. Tal vez vivamos en un
rascacielos. Podemos usar el mismo corte de pelo y tener
el mismo color de ojos. O ir a la misma escuela de equitación
o estar en el mismo equipo de futbol. Quizá miremos el mismo
programa de televisión y nos encante jugar los mismos juegos.
Tal vez seamos gemelos idénticos. Los hermanos a veces se
parecen. Tal vez todos queramos ganar. Quizá nos caigamos
igual de bien. Todos pueden ayudar a hacer las cosas más
equitativas para los otros. Tal vez nos gusta la misma persona.
Podríamos tener un terreno en el mismo lugar. Quizá nos
despertemos a la misma hora. Es posible que nos guste el
mismo caballo. Todos somos igual de diferentes, ¡y es por eso
que nos parecemos!

Esta obra se imprimió y encuadernó
en el mes de julio de 2016,
en los talleres de Impregráfica Digital, S.A. de C.V.,
Av. Universidad 1330, Col. Del Carmen Coyoacán
C.P. 04100, Coyoacán, Ciudad de México